ALPHABET

DU

ROI DE ROME.

Toute exemplaire qui ne portera ma signature, sera réputé contrefait.

FRONTISPICE.

Mariage de Napoléon avec Marie-Louise, Archiduchesse d'Autriche.

ALPHABET
du
Roi de Rome
par J. C. Jumel.
avec de Jolies Gravures.

A PARIS
A LA LIBRAIRIE D'ÉDUCATION ET DE JURISPRUDENCE,
D'ALEXIS EYMERY, Rue Mazarine, N°. 30.
(1813)

ALPHABET

DU

ROI DE ROME,

OU

LEÇONS

POUR UN JEUNE SOUVERAIN,

TIRÉES DES FAITS MÉMORABLES
DE NAPOLÉON-LE-GRAND.

PARIS,

A LA LIBRAIRIE D'ÉDUCATION ET DE JURISPRUDENCE
D'ALEXIS EYMERY, RUE MAZARINE, N° 30.

———

1813.

PRÉFACE.

Tracer le tableau d'un bon souverain, c'est offrir celui de l'auguste fils du Grand Napoléon, c'est dévancer les siècles futurs dans l'éloge qu'ils feront de ce prince chéri. Ainsi ce petit ouvrage peut s'honorer du titre d'*Alphabet du Roi de Rome.*

Nous l'avons distribué en vingt-quatre leçons. Chaque leçon commence par un court exposé d'une vertu nécessaire à tout chef d'un Empire, et nous la faisons suivre d'une belle action qui en découle naturellement, et qui émane du cœur et du génie de notre Empereur magnanime.

Les enfans qui liront ce petit livre, apprendront à connaître le héros dont leurs pères ne cessent de leur dire tant de choses admirables ; et les instituteurs qui le mettront sous les yeux de leurs élèves, rempliront un devoir bien noble et bien précieux, celui d'attacher de jeunes sujets à un Prince qui mérite leur obéissance et leur amour par les soins qu'il prend de leur éducation, par l'encouragement qu'il donne aux sciences, aux arts et aux lettres, et par les bienfaits qu'il répand sur toutes les classes de la société.

ALPHABET
DU
ROI DE ROME.

ALPHABET QUADRUPLE.

Lettres majuscules et minuscules, courantes, italiques et manuscrites.

A			
a	𝒜	α	a
B			
b	ℬ	*b*	b
C			
c	𝒞	c	c
D			
d	𝒟	*d*	d

E			
e	$\mathcal{E}$	e	e

F			
f	$\mathcal{F}$	f	f

G			
g	$\mathcal{G}$	g	g

H			
h	$\mathcal{H}$	h	h

I			
i	$\mathcal{I}$	i	i

J			
j	$\mathcal{J}$	j	j

K			
k	κ	*k*	*k*

L			
l	ℒ	ℓ	*l*

M			
m	ℳ	*m*	*m*

N			
n	𝒩	*u*	*n*

O			
o	⊙	o	*o*

P			
p	℘	*p*	*p*

Q			
q	𝒬	q	q
R			
r	ℛ	r	r
S			
s	∫	ſ	s
T			
t	𝒯	t	t
U			
u	𝒰	u	u
V			
v	𝒱	ѵ	v

	X		
x	*x*	*x*	*x*

	Y		
y	*y*	*y*	*y*

	Z		
z	*z*	*z*	*z*

Lettres liées ensemble.

æ, œ, fi, ffi,
fl, ffl, ff, fi,
ffi, fl, ffl, w.

Voyelles.

a, e, i *ou* y, o, u.

Syllabes.

Ba,	be,	bi,	bo,	bu.
Ca,	ce,	ci,	co,	cu.
Da,	de,	di,	do,	du.
Fa,	fe,	fi,	fo,	fu.
Ga,	ge,	gi,	go,	gu.
Ha,	he,	hi,	ho,	hu.
Ja,	je,	ji,	jo,	ju.
Ka,	ke,	ki,	ko,	ku.
La,	le,	li,	lo,	lu.
Ma,	me,	mi,	mo,	mu.
Na,	ne,	ni,	no,	nu.
Pa,	pe,	pi,	po,	pu.
Qua,	que,	qui,	quo,	qu.
Ra,	re,	ri,	ro,	ru.
Sa,	se,	si,	so,	su.
Ta,	te,	ti,	to,	tu.
Va,	ve,	vi,	vo,	vu.
Xa,	xe,	xi,	xo,	xu.
Za,	ze,	zi,	zo,	zu.

Mots à épeler.

Châ teau.
Pa lais.
Di gni té.
Du ché.
Com té.
Ba ro nie.
Ba ron.
Com te.
Ar mée.
Ba tail lon.
Ré gi ment.
Com pa gnie.
Prin ce.
Du ches se.
Prin ces se.
Am bas sa deur.

Gé né ral.
Co lo nel.
Em pe reur.
Im pé ra tri ce.
Re li gi on.
Pa pe.
Ar che vê que.
É vê que.
Grand Vi cai re.
Grand Au mô ni er.
Au mô ni er.
Cha pe lain.
Chas se.
Chas seur.
Fau con ne rie.
Les Tui le ries.
Ver sail les.
Saint - Cloud.
Fon tai ne bleau.

Saint - Ger main.
Saint - Cir.
La Flè che.
É cou en.
Les Lo ges.
Ro me.
Mi lan.
Ma drid.
Ber lin.
Var so vie.
Stras bourg.
Mos cou.
Pé ters bourg.
Bien fai san ce.
Ré com pen se.
Lé gi on d'Hon neur.
Grand' Croix.
Com man dant.
Of fi ci er.

Che va li er.
Grand Maî tre.
Dé par te ment.
Ar ron dis se ment.
Cons tan ti no ple.
Vil le.
Vil la ge.
Peu ple.
Ha meau.
Chau mi è re.
Na ti on.
Pa ci fi ca teur.
Or dre im pé ri al de la ré u ni on.
Im mor ta li té.

———

Phrases simples.

Dieu protége les Rois.

Les Rois règnent par Dieu.

Les Rois soutiennent la religion.

Les peuples aiment les bons Rois.

Les décorations sont honorables.

Il faut récompenser les talens utiles.

La vraie piété est charitable.

Les riches sont pour les pauvres.

Obéissons à nos Souverains.

Aimons-les comme nos pères.

Phrases composées.

Les militaires sont les premiers dépositaires de la célébrité d'un état ; sa gloire est entre leurs mains.

Depuis la cabane du pauvre jusqu'au palais de l'homme puissant, tout est soumis à la loi.

Les magistrats sont établis pour départir la justice à tous les sujets, leur sagesse règle nos destinées.

Le plus ferme appui de l'état, c'est l'obéissance du peuple, et le principal appui de cette obéissance, c'est la religion.

Le ciel, plus occupé de notre bonheur que nous-mêmes, a inspiré au peuple l'amour de la religion.

Tous les hommes portent gravé au fond de leur cœur, avec le sentiment ineffaçable de l'immortalité, celui des peines d'une autre vie.

La sobriété est la compagne inséparable et l'aliment de la force.

L'humanité est une dette sacrée que tout homme contracte en naissant.

Point de véritable héroïsme sans humanité.

Plus vous serez braves, disait le maréchal de Catinat à ses soldats, *plus vous serez modérés dans la victoire.*

Notions sur la grammaire et la ponctuation.

La grammaire est l'art d'exprimer avec justesse une pensée par les mots.

Il y a neuf parties dans le discours. L'Article, le Nom, le Pronom, l'Adjectif, le Verbe, l'Adverbe, la Préposition, la Conjonction, et l'Interjection.

Dans les langues vivantes, comme l'Anglais, le Français, l'Italien, l'usage est la meilleure règle ; dans les langues mortes, telles que le Latin, le Grec, etc. les règles sont fixes.

L'étude de la langue maternelle est très nécessaire ; car une connaissance suffisante de notre propre langue est le véritable fondement sur lequel doit reposer toute la littérature proprement dite. En ignorant les principes de la grammaire, nous sommes tout-à-fait étrangers aux beautés de la langue de notre pays, et incapables de nous exprimer proprement, correctement, et avec politesse, dans les occasions les moins importantes.

Le Grec, le Latin, et même le français, et quelques autres langues modernes, sont très difficiles, à cause de leur grand nombre de verbes irréguliers; mais l'Anglais est très aisé, et peut être appris en peu de temps.

Ponctuation.

La ponctuation est l'art de faire, en écrivant, différens repos dans les phrases.

Les signes dont on se sert à ce sujet sont, le point (.), les deux points (:), le point et la virgule (;), la virgule (,), le point d'interrogation (?), le point d'exclamation et d'admiration (!), la paranthèse ( ), l'apostrophe ('), le trait d'union (-), le tréma (¨), la cédille (ç), les guillemets (»).

Il y a trois sortes d'accens qui se placent sur les *e* et les autres voyelles. L'accent aigu *é*, l'accent grave *è*, l'accent circonflèxe *ê, à, á, ó, í, ú, ù*.

On met une lettre majeure au commencement des phrases, des noms propres, à beaucoup de substantifs et au commencement de chaque vers.

Ire. LEÇON.

Étude des Sciences.

IL n'est point de progrès dans les sciences sans l'application. Un jeune souverain doit exercer de bonne heure son esprit aux mathématiques, étudier l'histoire, le droit des gens, le droit public de l'Europe, afin de connaître les intérêts respectifs des puissances, les amis et les ennemis naturels d'un pays. Pourvu de ces connaissances, s'il est obligé dans la suite de prendre une prompte délibéra-

tion, il compense par ses lumières ce qui lui est refusé par le temps. L'habitude et l'expérience donnent à ses délibérations le sceau de la réflexion. Il est prompt et non précipité, actif et non inconsidéré.

Plein d'ardeur pour le travail, Bonaparte employait une grande partie de la nuit à compenser la brièveté du jour. Étant à Nice, où il se rendit après la prise de Toulon, un de ses amis alla le trouver au milieu de la nuit pour quelques renseignemens urgens; il le vit tout habillé, occupé à travailler au milieu d'une foule de plans, de cartes, de livres ouverts. --- Vous n'êtes donc pas encore couché ! --- Couché ! je suis déjà levé au contraire. --- Comment ! --- Oui, quand j'ai dormi deux ou trois heures, c'est bien assez. Aussi son esprit de calcul ne l'abandonna-t-il jamais.

Parcourant un jour sur une péniche la rade de Boulogne, malgré le feu très vif d'une croisière anglaise, il s'aperçut que le jeu d'une de nos batteries n'atteignait nullement les ennemis ; il se fait mettre à terre, se rend auprès de la batterie, tire un crayon, fait ses calculs sur son portefeuille, et ordonne aux canonniers de mettre dans leurs pièces une quantité de poudre plus forte qu'à l'ordinaire. Ils obéissent ; mais un bombardier hésitait de mettre le feu, dans la crainte que le mortier ne crevât! Bonaparte qui voit son inquiétude, prend la mèche, l'approche de la lumière; le coup part, la bombe va briser le beaupré de la frégate anglaise.

IIᵉ. LEÇON.

L'Émulation.

On s'efforce en vain de mettre l'ambition au rang des vertus, en lui donnant l'empreinte de la grandeur et de la magnanimité; elle fait descendre l'homme à tant de bassesses, elle l'engage à tant d'intrigues, elle lui fait trouver tant de mystères d'iniquité, qu'elle est odieuse au philosophe même comme au chrétien. L'émulation est le seul désir qui soit permis pour travailler à son avancement. Lorsqu'on s'en tient à ce désir tempéré, qu'on peut appeler la vertu des grandes ames, on ne heurte point les principes de la probité; on n'écarte point les concurrens, et l'on ne parvient que par son propre mérite.

Bonaparte, après avoir reçu une éducation soignée à l'Ecole militaire, et y avoir développé les premiers germes de son génie et de ses talens, obtint une place de sous-lieutenant dans le premier régiment d'artillerie, comme la récompense de ses travaux et le prix de ses vertus. Il était à Paris au commencement de la révolution, et y cultivait les arts utiles. Il fit ses premières armes au siége de Toulon, et fut nommé général de brigade à cause de sa valeur, de son sang-froid imperturbable, et de sa rare intelligence. On remarquait déjà en lui ces pensées dignes d'un prince, qui semblaient présager sa grandeur future.

Paris, dont il était destiné à relever la splendeur, lui dut le premier des bienfaits, celui d'empêcher l'effusion du sang, en ne faisant tirer pendant la nuit qu'à poudre, pour effrayer les factieux qui s'insurgèrent dans la journée du 13 vendémiaire.

Il fut ensuite nommé général en chef de l'armée d'Italie. Il n'avait que vingt-six ans. Un de ses amis le voyant partir pour cette armée, lui dit : *Tu es bien jeune pour aller commander une armée. — J'en reviendrai vieux*, répondit-il. Il en revint effectivement après y avoir déployé la tactique, la sagesse et la valeur du général le plus consommé.

IIIe. LEÇON.

La Valeur.

LE sceptre appartenait autrefois au plus brave. La valeur proclamait les rois, qu'on élevait sur des boucliers. Nourrie dans les camps, la nation ne connaissait pas d'inauguration plus auguste. Elle mêlait les combats et les fêtes; une bataille était annoncée par les transports des soldats; ce même esprit s'est maintenu jusqu'à nos jours. Des villes conquises malgré les glaces de l'hiver; des citadelles antiques, dont l'orgueil et la force défendaient les remparts, tombant sous nos coups; l'inaction seule de nos bataillons, arrêtant des armées entières, rendant inutiles leurs manœuvres et leurs mouvemens; des phalanges hérissées de glaives, rompues par une poignée de guerriers; ces forteresses escarpées couvertes par la mer, protégées par toutes les forces de l'art et de la nature, où les foudres de la guerre grondaient en vain, emportées par une troupe de héros : tels seront les monumens éternels de la valeur des Français et les titres de leur gloire.

Il est cependant des circonstances où un chef doit retenir le courage dans de justes bornes, sans craindre de l'affaiblir. Bonaparte, par des proclamations aussi sages qu'éloquentes, savait ranimer et soutenir la confiance du soldat. Arrivé à Malte, dont il s'empare, avant de poursuivre sa nouvelle carrière, il adresse ces paroles à son armée :

« Vous allez entreprendre une conquête dont les effets sur la civilisation et le commerce du monde sont incalculables. » Il lui prescrit d'observer, à l'égard des mahométans, le même respect qu'ils ont porté à la religion de Moïse et de Jésus-Christ; il leur recommande aussi la modération.

« Le pillage, poursuivit-il, n'enrichit qu'un petit nombre d'hommes; il nous déshonore; il détruit nos ressources ; il nous rend ennemis des peuples qu'il est de notre intérêt d'avoir pour amis.

» La première ville que nous allons rencontrer a été bâtie par Alexandre. Nous trouverons à chaque pas de grands souvenirs, dignes d'exciter l'émulation des Français. »

Le 20 ventose an 5, après la prise de Mantoue, il retrace

à son armée les résultats avantageux de cette brillante campagne, et les dispose à cueillir de nouveaux lauriers.

« Soldats, la prise de Mantoue vient de finir une campagne qui vous a donné des titres à la reconnaissance de la patrie.

» Vous avez remporté la victoire dans 14 batailles rangées, et 70 combats; vous avez fait plus de 100,000 prisonniers, pris à l'ennemi plus de 500 pièces de canon de campagne, 200 de gros calibre, et 4 équipages de pont.

» Le pays que vous avez conquis a nourri, entretenu

et soldé l'armée pendant toute la campagne, et vous avez envoyé 30 millions au ministre des finances, pour le soulagement du trésor public.

» Vous avez enrichi le Muséum de Paris de plus de 30 objets, chefs-d'œuvre de l'ancienne et de la nouvelle Italie, et qu'il a fallu trente siècles pour produire.

» Les républiques Lombarde et Cisalpine vous doivent leur liberté.... Les rois de Sardaigne, de Naples, le Pape et le duc de Parme se sont détachés de la coalition de vos ennemis, et ont brigué notre amitié. Vous avez chassé les

Anglais de Livourne et de la Corse.... mais vous n'avez pas encore tout achevé.... »

IVe. LEÇON.

Prix d'un Guerrier français.

Les paroles amicales d'un chef donnent du courage aux soldats, et leur font oublier leurs privations et leurs fatigues. Les plus grands généraux ont toujours été affables au moindre soldat. Celui qu'on méprise, est peut-être à la veille de se faire connaître comme un héros. Il ne manque que l'occasion à la plupart des militaires français, pour forcer la fortune à les couronner.

Un chasseur à cheval avait été chargé d'apporter à Bonaparte, de Milan à Montébello, des dépêches très urgentes. A son arrivée, il trouva le général tout prêt à partir pour la chasse, lui remit le paquet, et attendit la réponse. Bonaparte la lui donna sur-le-champ : « Va-t-en, dit-il, et sur-tout va vîte. --- Général, le plus vîte que je pourrai. Mais je n'ai plus de cheval, j'ai crevé le mien pour être venu avec trop de vîtesse ; il est étendu mort à la porte de votre hôtel

— Ce n'est qu'un cheval qui te manque ? Prends le mien. (Le chasseur fit difficulté de l'accepter.) — Tu le trouves trop beau, trop richement enharnaché ! va, camarade, il n'est rien de trop magnifique pour un guerrier français. »

Cet habile général savait élever le soldat à la grandeur de son ame. Satisfait de la conduite de la vingt-deuxième demi-brigade, dans sa seconde campagne d'Italie, il lui écrit: « Voilà deux ans que vous passez sur les montagnes, souvent privés de tout, et vous êtes toujours à votre devoir sans murmurer : c'est la première qualité du bon soldat. Je sais qu'il vous était dû, il y a huit jours, huit mois de prêt, et que, cependant, il n'y a pas eu une seule plainte. Pour preuve de ma satisfaction de la bonne conduite de la vingt-deuxième demi-brigade, à la première affaire, elle marchera à la tête de l'avant-garde. »

Un rapprochement singugulier qu'on trouve dans l'histoire, c'est que Bonaparte vint reconquérir l'Italie mille ans après que Charlemagne rentra pour la seconde fois dans la Lombardie, qu'il avait déjà soumise à ses armes, et de là vint changer à Rome le sort du monde entier, en fondant, à la fin de l'an 800, le nouvel Empire, dont tous les États modernes ne sont que le démembrement.

V^e. LEÇON.

Sage discernement dans un chef.

UN chef qui commande et qui aime ses soldats, a soin d'examiner d'où vient le délit qu'il doit punir. Il ne confond point une vivacité dont on n'est pas maître, un premier mouvement, avec un caractère difficile et querelleur; et il n'assimile point une transgression involontaire des ordonnances, à une intention marquée de manquer à ses devoirs.

Après la sanglante bataille où Bonaparte traversa le pont de Lodi, un drapeau à la main, il parcourait le camp pendant la nuit, déguisé en simple officier. Il trouva une sentinelle profondément assoupie, la tête appuyée sur la crosse de son fusil. Aussitôt il la prit, la posa doucement à terre, s'empara du fusil, fit la faction pendant deux heures, au bout desquelles on vint le relever.

Le soldat se réveilla. Quelle est sa surprise! un jeune officier fait la faction à sa place! Sa frayeur est au comble: mais elle redouble, lorsqu'observant effectivement l'officier, il reconnaît le général en chef. *Bonaparte*, s'écria-t-il, je suis perdu! --- Non, lui répond le général avec douceur, rassure-toi, mon camarade; après tant de fatigues, il est bien permis à un brave comme toi de s'endormir; mais une autre fois, choisis mieux ton temps.

Sage discernement dans un chef.

l'Humanité.

VIe. LEÇON.

L'Humanité.

Il n'y a point d'état qui offre plus d'occasions d'exercer l'humanité que celui d'un militaire. Les prisons, les hôpitaux sont de redoutables asiles où la privation de la liberté, la perte de la santé, exposent aux yeux du spectateur les plus dévorans chagrins. Combien alors les paroles amicales d'un chef ne soulagent-elles pas le soldat qui souffre et qui se plaint; c'est un baume qui répand dans l'ame les plus douces consolations.

Mais c'est sur-tout au moment des combats, dans ce moment désastreux où la foudre se dispersant par éclats, renverse pèle-mêle les hommes les plus vaillans et les plus vigoureux, pour ne leur laisser en partage que des plaies et des sanglots; où le glaive aiguisé par la bravoure, cause les plus grands ravages, et fait tomber sur un tas de morts une multitude de mourans; dans ce moment terrible, que l'humanité sollicite les généraux de signaler leur compassion et leur zèle le plus promptement qu'il est possible.

Que de militaires qui n'ont échappé à la mort que parce-que la vigilance de Bonaparte en prit soin, et les mit entre les mains de ceux qui pouvaient les guérir!

Lorsqu'il abandonna le siége de Saint-Jean-d'Acre, à cause de la peste qui exerçait ses ravages dans cette ville; il y avait beaucoup de blessés, peu de moyens de transports : il partit avec son état-major quand on l'en avertit. Il descend de cheval; tout ce qui l'entoure en fait autant, les chevaux sont envoyés aux malades, et Bonaparte fit à pied, une marche de trois jours dans les sables brûlans du désert.

A la mémorable journée de Marengo, rencontrant une grande quantité de soldats blessés, il s'écria douloureusement : *On regrette de n'être pas blessé comme eux, pour partager leurs douleurs.*

Lorsqu'on vint lui annoncer, au milieu du plus fort du feu, la mort du général Desaix, il ne lui échappa que ces mots: *Pourquoi ne m'est-il pas permis de le pleurer?*

En Italie, en Egypte, en Allemagne, en Russie, on l'a vu après les combats parcourir les champs de batailles, et donner des marques de cette sensibilité exquise qui caractérise le véritable héros.

VIIe. LEÇON.

Le salut de la Patrie.

Les hommes de tous les âges, de tous les climats se firent un honneur, comme un devoir de reconnaître une patrie. Chez les nations les plus barbares il y eut des lois, des exemples qui tendirent à cet objet. Eh! comment pouvoir se refuser au plus beau sentiment de la nature, au juste désir de s'aider réciproquement, à cette ardeur enfin qui nous tourmente, jusqu'à ce que nous ayions affermi notre existence, en repoussant nos ennemis?

Il n'y a donc pas de gloire plus éclatante que celle qu'on acquiert en sauvant la patrie. Cette gloire est si sublime, qu'elle rougit de l'orgueil, et qu'elle ne trouve ses motifs que dans le cri de la conscience, que dans l'amour du devoir.

Bonaparte reçoit en Egypte des nouvelles de l'Europe; il part; la Providence le conduit à travers les flottes ennemies; il arrive à Paris. Un pouvoir exécutif sans force, un corps législatif, ou du moins un conseil des anciens sans énergie, une guerre civile, ou plutôt une tyrannie prête à exercer ses ravages, nécessitait un changement d'état. L'accord de la prudence et de la force se rencontre dans le héros, l'heure du 18 brumaire sonne, le salut de la patrie est opéré.

« La révolution qui se prépare, disait Bonaparte, sera le contraire des autres; elle n'entraînera aucune proscription, et en fera cesser plusieurs. » L'effet a répondu à l'annonce.

Les journées des 18, 19 et

20 brumaire, comme ayant été le salut de la France, font époque dans les annales de la révolution. Dans une de ces mémorables journées, Bonaparte voulut monter un cheval fougueux : un particulier s'approche et l'aide. « Je devrais pourtant monter aisément, dit le général en le remerciant, car je ne suis pas lourd. — Pardonnez-moi, répliqua le particulier, vous êtes le contre-poids des puissances ennemies. »

VIII.ᵉ LEÇON.

Heureuse influence d'un chef pacifique.

Un chef pacifique change les haines nationales en rivalités; il rend la communication plus facile; procure aux différens peuples les moyens de copier à l'envi leurs lois et leurs sages coutumes. Les états invoquent sa médiation. On est jaloux qu'il ne soit l'ami et le pacificateur que de son peuple. Le cœur d'un bon souverain est un bien qui appartient à tous les empires; comme les mers, c'est un don fait au monde entier. Après ses sujets, le prince doit son amour aux étrangers. La terre est une grande famille, dont le besoin a dispersé les enfans.

Bonaparte, au commencement de l'an dix, président de la république italienne, fit à la *Consulta* le tableau de la situation de cette république, soit après les premières campagnes d'Italie, soit après les secondes, et son discours prouve tout l'intérêt qu'il prenait à son bonheur et à sa gloire.

« Composés de six nations différentes, dit-il aux principaux citoyens de la Cisalpine, vous allez être réunis sous le règne d'une constitution plus adaptée que toute autre à vos mœurs et aux circonstances.

» Je vous ai réunis à Lyon autour de moi, vous m'avez donné les renseignemens nécessaires pour remplir la tâche auguste que m'imposait mon devoir, comme premier magistrat du peuple Français, et comme l'homme qui a le plus contribué à votre création.

» Le procès-verbal que vous m'avez fait remettre par votre comité des trente, où sont analysées avec autant de précision que de vérité, les circonstances extérieures et intérieures dans lesquelles se trouve votre patrie, m'a vivement pénétré. J'adhère à votre vœu. Je conserverai encore, pendant le temps que les circonstances le voudront, la grande pensée de vos affaires.

» Au milieu des méditations continuelles qu'exige le poste où je me trouve, tout ce qui vous sera relatif, et pourra consolider votre existence et votre prospérité, ne sera point étranger aux affections les plus chères de mon ame.

» Vous n'avez que des lois particulières, il vous faut des lois générales.

» Votre peuple n'a que des habitudes locales, il faut qu'il prenne des habitudes nationales.

» Enfin, vous n'avez point d'armes, les puissances qui pourront devenir vos ennemies en ont de fortes ; mais vous avez ce qui peut les produire, une population nombreuse, des campagnes fertiles, et l'exemple qu'a donné dans toutes les circonstances essentielles le premier peuple de l'Europe. »

Un prince qui aime autant les peuples étrangers que ses propres sujets, ne méritait-il pas que les Italiens l'élevassent sur le trône ; que la confédération du Rhin le choisît pour protecteur, et la confédération helvétique pour médiateur ?

IX.ᵉ LEÇON.

La Modération.

La guerre entreprise pour la défense des sujets et des alliés, assure les succès les plus brillans. Alors la justice de la bonne cause redouble le courage des guerriers ; le prince triomphe non pour lui, mais pour l'état ; devenu plus fort par la guerre, à l'exemple de

Charlemagne, il ôte à ses adversaires les moyens de lui nuire, et celui de se nuire à eux-mêmes. Aucun danger n'arrête sa valeur, aucun obstacle ne résiste à sa force.

Cependant, au milieu de ses triomphes, Bonaparte sut s'arrêter, et prouva que la modération est presque toujours le partage des héros. Après son élévation au consulat, il entreprit dans ses vues bienfaisantes, de faire cesser le fléau de la guerre, sans compromettre la dignité du nom français. Il envoya un de ses aides-de-camp à Berlin, il écrivit au roi d'Angleterre, et termina ainsi sa lettre :

« Le sort de toutes les nations civilisées est attaché à la fin de la guerre qui enveloppe le monde entier. »

Le cabinet de Saint-James dédaigna la lettre du premier consul, et s'est rendu responsable des maux qui ont affligé l'humanité depuis nombre d'années, et de ceux qui pourront l'affliger encore.

X^e. LEÇON.

Les Écrits.

Un chef de Gouvernement encourage les écrits vertueux,

et se contente souvent de flétrir les productions criminelles par le mépris, qui peut encore plus que l'autorité. L'erreur est toujours faible ; les livres où elle se montre, sont ordinairement moins dangereux en eux-mêmes, que par la célébrité qu'on affecte de leur procurer. Le poison qu'ils enferment est comme le phosphore qui s'enflamme lorsqu'une main indiscrète lui donne le jour. Un bon gouvernement est la meilleure censure d'un mauvais écrit. Les yeux du peuple sont toujours fixés sur le trône. S'il y voit régner la modération et la justice, les auteurs les plus atrabilaires ne peuvent rien contre l'ordre public. Le cri universel étouffera leurs voix malignes et impuissantes.

Dans le courant de nivose an 8, le ministre de la police présenta au premier consul deux pamphlets contre-révolutionnaires, saisis chez un libraire au Palais-Royal, l'un ayant pour titre : *Almanach des Mécontens*; l'autre sur les auteurs de la journée du 18 brumaire. Le consul prit les deux brochures, et dit, en les jetant au feu : Voilà le cas que j'en fais.

XIe. LEÇON.

La présence d'Esprit.

La présence d'esprit est le don le plus précieux que puisse recevoir de la nature un chef de gouvernement. Elle ne se trouve que dans ces génies familiers avec toutes sortes d'idées, et propres à prendre toutes sortes de tons, comme à saisir les nuances les moins caractérisées; qui sont à la hauteur de tout, et qui par une certaine facilité qu'ils ont d'atteindre aux pensées les plus subtiles, en raisonnent de suite et froidement; dans ces génies qu'on ne peut rencontrer en défaut sur rien, qui semblent deviner la pensée des autres et la prévenir, en les suivant d'un premier élan dans un labyrinthe qu'ils avaient eu tant de peine à frayer; dans ces génies enfin que la Providence donne à l'univers tout faits et tout achevés, qui y naissent au point de perfection où les autres le quittent.

Le 16 messidor de l'an 4, Bonaparte défit les Autrichiens à Salo, Lonato et Castiglione; le lendemain quatre mille Autrichiens, avec une cavalerie et une artillerie formidable viennent à Lonato sommer Bonaparte de se rendre. Il n'avait avec lui que douze cents hommes. Ce fut dans cette occasion qu'il fit preuve de cette présence d'esprit admirable, et de cette sagacité profonde qui voyent le danger, et qui calculent rapidement les moyens de l'éviter, et d'en faire tourner heureusement les résultats à son avantage.

Le parlementaire ennemi fut introduit les yeux bandés. Cet officier déclare que la gauche de l'armée française est cernée, et que son général demande si les Français veulent se rendre. Bonaparte lui répondit : « Allez dire à votre général que s'il a voulu insulter l'armée française, je suis ici ; que c'est lui-même et son corps qui sont prisonniers ; qu'il a une de ses cohortes coupée par nos troupes à Salo, et par le passage de Brescia à Trente ; que si dans huit minutes il n'a pas mis bas les armes ; que s'il fait tirer un seul coup de fusil, je fais tout fusiller. Debandez les yeux à monsieur. Voyez le général Bonaparte et son état-major au milieu de la brave armée républicaine. Dites à votre général qu'il peut faire une bonne prise ; allez. »

On redemande à parlementer ; pendant ce temps tout se dispose pour l'attaque. Le chef de la colonne ennemie demande à être entendu : il propose de se rendre ; il veut capituler. « Non, répond Bonaparte, vous êtes prisonnier de guerre. » L'ennemi veut se consulter. Bonaparte donne aussitôt ordre de faire avancer l'artillerie légère, et d'attaquer ; il quitte le général ennemi qui s'écrie : *nous sommes nous rendus !*

XIIe LEÇON.

La Générosité.

Plus un chef a l'ame élevée, plus il est humain; plus il a d'énergie, plus il s'unit intimement aux soldats qu'il commande pour compatir à leurs peines. Sans diminuer la rigueur des ordonnances, sans faire courber la loi pour écouter une sensibilité mal entendue, il fait voir qu'il souffr lui-même en infligeant les peines prescrites par les règlemens, et il fait servir les punitions à l'avantage de ceu qui les ont encourues, par un générosité digne des plus grands éloges.

Au mois de thermidor an 9, plusieurs régimens, entre autres celui du premier d'artillerie où Bonaparte fit ses premières armes, s'insurgèrent contre leurs chefs à Turin. Six des principaux coupables furent arrêtés. Sa sévérité porta principalement sur le premier régiment d'artillerie à pied, qui fut dissous, et recomposé des compagnies d'un des régimens d'artillerie à cheval qui s'étaient les mieux conduites; mais on se borna à en chasser les plus coupables.

A la parade du 15 prairial

an 10, Bonaparte rendit au premier régiment d'artillerie ses drapeaux, après en avoir arraché le crêpe, et y avoir suppléé de nouvelles cravates. S'adressant au chef de brigade, il lui dit: « Les banderolles que j'attache à ces drapeaux, ont effacé jusqu'au souvenir des crêpes funébres qui les ont couverts pendant huit mois.

» Canonniers du premier régiment, voilà vos drapeaux; ils vous serviront toujours de point de ralliement, ils seront par-tout où le peuple français et son gouvernement auront des ennemis à combattre. Vous jurez de les défendre jusqu'à la mort, vous jurez qu'ils ne tomberont jamais au pouvoir de l'ennemi. »

Le serment fut prêté avec enthousiasme, et après différens airs exécutés par la musique du régiment, Bonaparte reprit ainsi : « Officiers, sous-officiers du premier régiment, c'est dans vos rangs que j'ai pris les premières leçons de l'art militaire; j'ai vu notre régiment uniquement sensible au sentiment d'honneur, soyez dignes d'être les premiers du premier corps de l'armée, faites connaître que je les vois ici avec satisfaction. »

C'est ainsi qu'un grand général électrise l'ame du soldat

et qu'il rend le châtiment, par sa générosité, un germe d'héroïsme.

XIIIe. LEÇON.

La Fermeté.

Si le chef d'une nation doit réunir autour de lui beaucoup de lumières, il doit écarter l'intrigue et ses délations, empêcher les jalousies qui ne tendent qu'à tout brouiller sans aucune vue d'utilité et d'intérêt public : quand les passions ont le crédit et le génie, le prince a assez de puissance pour les contenir.

La garnison d'Aboukir, accusée d'avoir rendu le fort aux Anglais, après trois jours d'une faible résistance, réclama auprès du gouvernement, et s'adressant directement à Bonaparte, elle s'exprima ainsi :

« Vous ne souffrirez pas que les palmes d'honneur que nous avons cueillies sous vos ordres, soient flétries par des lâches et des traîtres. Nous ne perdrons pas en un jour le prix de dix ans de travaux. Nous avons affronté tous les périls pour mériter l'honneur d'être comptés parmi les défenseurs de la patrie, et le rapport qui a pu vous être fait est faux et calomnieux. »

Bonaparte, ferme et impassible aux clameurs de la méchanceté, toujours disposé à rendre justice au mérite, et à fermer l'oreille aux délations clandestines, répondit à ces braves militaires :

« Soldats, j'ai lu votre lettre. Je me suis fait rendre compte de votre conduite, je vous reconnais toujours pour de dignes enfans de la 61ᵉ ; j'ai donné ordre que l'on vous rendît vos armes. Je saisirai la première occasion pour vous mettre à même de vous venger : vous n'avez jamais été vaincus, mais vous ne mourrez pas sans être vainqueurs. »

XIVᵉ. LEÇON,

Les Savans.

Les chefs des Gouvernemens estiment et récompensent les savans qui consacrent leurs talens au maintien des lois, au règne des vertus, qui se montrent les interprètes de la joie comme de la douleur publique ; et ils laissent ces hommes inquiets, qui ne peuvent s'accommoder des principes établis, terminer paisiblement leur carrière, sortir d'un ordre auquel ils n'appartiennent pas. L'auteur de l'univers n'a attaché à notre globe que les astres qui le vivifient. Le bruit n'est réservé qu'à ce qui détruit. Le tonnerre gronde, mais le soleil qui donne la lumière à la terre, les nuées qui la fécondent, traversent le ciel dans un profond silence ; le même caractère brille dans les vrais talens. Ils font le bien sans laisser presque voir qu'ils l'opèrent.

L'Institut national, présenté à Bonaparte lors de la conspiration anglaise, découverte en l'an 12, s'exprima par l'organe de son président, dans les termes suivans :

« Le gouvernement anglais pouvait, en frappant une seule tête, frapper la république entière. Veuve du héros qui la sauva, la patrie voyait renaître tous ses malheurs.

» Nous perdions en vous le garant du repos de nos familles, de la paix de nos cités, de la gloire de nos armées, du salut de notre pays.

» Des sociétés savantes et littéraires à peine renaissantes, des colléges à peine ouverts, des écoles à peine établies, pleuraient leur fondateur.

» Les élèves de Saint-Cyr, de Compiègne, de Fontainebleau, de nombreux lycées redevenaient orphelins.

» Le génie de la France vous a préservé. Heureux de lui devoir votre salut, l'institut national lui rend grâces encore de ce que vous n'avez pas eu, de ce que vous n'avez jamais à redouter des conspirations conçues en France et par des Français. Les complots qui vous menaçaient étaient tramés sur un territoire étranger, par les éternels ennemis des Français et de la France.

» Ceux qui ont voulu les servir, les seconder, en profiter, égaux devant la justice qui les a saisis, seront égaux devant la loi qui les jugera; et les Anglais qui n'ont pu vous atteindre de leurs poignards impuissans, trembleront bientôt devant votre épée victorieuse.

» Pourquoi faut-il que cette pensée nous remène à celle d'un autre danger pour votre personne, et au sentiment d'une crainte nouvelle?

» Il est permis de l'exprimer quand la France entière la partage, quand ses bataillons intrépides, cette garde fidèle, ces braves de toutes les armes, que leurs propres périls n'ont jamais émus, frémissent à l'idée des vôtres.

» Ah! du moins n'oubliez jamais que la grande nation vous a remis le dépôt de ses destinées. Secondez, par une prudence que nous implorons, les vœux de la France et les nôtres ; secondez la Providence qui veille sur vous, et qui veut que, pour la paix du monde, vos institutions perfectionnées, protégées par vous-même, deviennent immortelles comme votre gloire. »

XVe. LEÇON.

Le Respect pour les Lois.

Si le Souverain trouve une grande ressource dans les lois, il doit les respecter en y pliant sa volonté. S'il s'avisait de les enfreindre, son exemple entraînerait ses sujets. Ils ne feront jamais les premiers la brèche aux institutions; mais si le Souverain les transgresse, ils les violeront après lui; en vain se reposerait-il sur sa force, elle aide l'autorité, mais ne la supplée point.

Lorsque le Grand-Juge lança un mandat d'arrêt contre le général Moreau, la police, qui savait qu'il s'agissait d'une conspiration, arrêta le frère du général, et Frenières, son secrétaire. Bonaparte en ayant été instruit, fit demander au Grand-Juge, si le frère et le secrétaire de Moreau étaient atteints par la procédure; et sur la réponse qui lui fut faite, que leurs noms n'avaient pas été prononcés dans l'instruction, il ordonna de les mettre en liberté, « Car, dit-il, s'ils s'a-

gissait d'un coup d'état, ou d'une de ces mesures dans lesquelles il ne faut prendre conseil que du salut de la nation, les conspirateurs auraient été arrêtés, traduits devant une commission militaire, et exécutés dans la même nuit. C'est ici, ajouta-t-il, une procédure criminelle ordinaire, et j'entends que toutes les formes soient scrupuleusement observées. »

XVIe. LEÇON.

Religion des Souverains.

LA religion ne connaît que le devoir, elle attache le Souverain à ses sujets, et elle lui communique cette grandeur d'ame qui caractérise les héros chrétiens, et qui ne connaît de crainte que celle de Dieu.

Quels exemples de respect pour la religion, ne nous a pas donnés Bonaparte toutes les fois qu'il a eu occasion de veiller au culte religieux !

Après la prise de Milan, le peuple fit chanter un *Te Deum* dans l'église cathédrale de cette ville, en réjouissance de l'heureuse délivrance de l'Italie. Bonaparte, alors premier consul, dans une lettre aux deux autres consuls, leur fit part de cet événement; il ajouta : » On va chanter un *Te Deum*, et j'y assisterai. »

En quittant Milan, après la bataille de Marengo, pour se rendre à Paris, il dit aux patriotes Milanais : « Laissez vos prêtres dire la messe; si le peuple veut sa religion, respectez sa volonté. » Et il dit aux prêtres de la même ville, assemblés en consistoire : « Les amis naturels de l'Italie sont les Français. Que pouvez-vous attendre des protestans, des Grecs, des Musulmans qu'on vous a envoyés ? Les Français, au contraire, sont de la même religion que vous. Nous avons bien eu quelques disputes ensemble; mais tout cela se raccommode et s'arrange. »

Des vieillards revêtus du sacerdoce vinrent un jour le trouver aux Tuileries; il les reçut avec beaucoup d'égards, ranima leur courage, et les exhorta à prêcher la paix et la concorde. Il leur dit que *Si la stabilité d'un gouvernement semblait exiger une religion dominante, sa tranquillité repoussait une religion dominatrice.*

Sa piété magnanime méditait alors le grand événement qui a répandu sur son gouvernement le plus grand éclat. On aime à se rappeler ce jour immortel dans les fastes de la monarchie, où il vint dans la plus grande pompe, accompagné de toutes les autorités, au sein de la basilique de la capitale, replacer sur leurs siéges les évêques de l'église gallicane, recevoir leurs sermens au pied des autels, et resserrer les liens sacrés qui doivent unir à jamais le sacerdoce et l'empire.

De là les soins qu'il a toujours eu d'informer les pontifes des succès de ses armes et de les inviter à rassembler ses peuples dans les temples pour y rendre des actions de grâces à l'éternel. De là ces bienfaits qu'il répandit sur les prélats, en les associant aux titres et aux dignités de l'Empire ; de là enfin ces décrets, aussi sages que bienfaisans, qui assurent aux citoyens le droit d'exercer leur culte, et d'adorer Dieu, le père commun de tous les hommes, d'une manière conforme à leur liberté de conscience.

XVIIe. LEÇON.

De l'amour pour le Souverain.

Un état subsiste moins par ses richesses que par ses vertus, et parmi celles-ci, c'est l'amour qui a le plus de force. Un prince chéri de son peuple, entretient la concorde et l'union dans tous les ordres, réunit les intérêts les plus opposés. Si quelque faction menace l'état, il calme bientôt la chaleur des esprits. L'amour se réveille pour le seconder. Combien de révoltes apaisées par la sagesse d'un prince agréable à la multitude. Ainsi l'amour gagne insensiblement les passions les plus opiniâtres, et les fait plier sous la volonté du souverain.

Les biens qui découlent de l'amour sont inépuisables. Le sujet paisible, assuré de la tendresse de son prince, se livre avec confiance à son gouvernement, lui voue un attachement inviolable qu'il inspire à ses concitoyens et transmet à la postérité.

Lorsque le sénat eut décrété le senatus-consulte organique qui déféra le titre d'empereur à Bonaparte, et qui établit dans sa famille l'hérédité de la dignité impériale, le président lui adressa la parole en ces termes :

« Le décret que le sénat vient de rendre, et qu'il s'empresse de présenter à votre majesté impériale, n'est que l'expression authentique d'une volonté déjà manifestée par la nation.

» Le décret qui vous défère un nouveau titre, et qui, après vous, en assure l'hérédité à votre race, n'ajoute rien à votre gloire, ni a vos droits.

» L'amour et la reconnaissance du peuple Français ont, depuis quatre années, confié à votre majesté les rênes du gouvernement; et les constitutions de l'état se reposent sur vous du choix d'un successeur.

» La dénomination la plus imposante qui vous est décernée, n'est donc qu'un tribut que la nation paye à sa propre dignité, et au besoin qu'elle sent chaque jour de vous donner des témoignages d'un respect et d'un attachement que chaque jour voit augmenter.

» Eh! comment le peuple français pourrait-il trouver des bornes pour sa reconnaissance, lorsque vous-même vous n'en mettez aucune à vos soins et à votre sollicitude pour lui.

» Comment pourrait-il, conservant le souvenir des maux qu'il a soufferts, lorsqu'il fut livré à lui-même, penser sans enthousiasme au bonheur qu'il éprouve depuis que la Providence lui a inspiré de se jeter dans vos bras.

» Les armées étaient vaincues, les finances en désordre, le crédit public anéanti ; les factions se disputaient les restes de notre ancienne splendeur; les idées de religion et même de morale s'étaient obscurcies; l'habitude de donner et de reprendre le pouvoir laissait les magistrats sans considération, et même avait rendu odieuse toute espèce d'autorité.

» Votre majesté a paru, elle a rappelé la victoire sous nos drapeaux ; elle a établi la religion et l'économie dans les dépenses publiques. La nation, rassurée par l'usage que vous en avez su faire, a repris confiance dans ses propres ressources ; votre sagesse a calmé la fureur des partis ; la religion a vu relever ses autels ; les notions du juste et de l'injuste se sont réveillées dans l'ame des citoyens, quand on a vu la peine suivre le crime, d'honorables distinctions récompenser et signaler les vertus.

» Enfin, et c'est là sans doute le plus grand des miracles opérés par votre génie, le peuple, que l'effervescence civile avait rendu indocile à toute contrainte, ennemi de toute autorité, vous avez su lui faire chérir et respecter un pouvoir qui ne s'exerçait que pour sa gloire et son repos.

» Le peuple français ne prétend point s'ériger en juge des constitutions des autres états.

» Il n'a point de critique à faire, point d'exemples à suivre : l'expérience désormais devient sa leçon.

» Il a, pendant des siècles, gouté les avantages attachés à l'hérédité du pouvoir.

» Il a fait une épreuve courte mais pénible du système contraire.

» Il rentre par l'effet d'une délibération libre et réfléchie dans un sentier conforme à son génie.

» Il use librement de ses droits, pour déléguer à votre majesté impériale une puissance que son intérêt lui défend d'exercer par lui-même.

» Il stipule pour les générations à venir, et par un pacte solennel, il confie le bonheur de ses neveux à des rejetons de votre race.

»Ceux-ci imiteront vos vertus, ceux-là hériteront de notre amour et de notre fidélité.

» Heureuse la nation qui, après tant de troubles et d'incertitudes, trouve dans son sein un homme digne d'apaiser les tempêtes des passions, de concilier tous les intérêts, et de réunir toutes les voix !

» Heureux le prince qui tient son pouvoir de la volonté, de la confiance et de l'affection des citoyens! »

L'Empereur fit la réponse suivante, réponse pleine de sentimens et de grandeur, et où le laconisme ajoute encore à sa noble simplicité.

« Tout ce qui peut contribuer au bien de la patrie, est essentiellement lié à mon bonheur.

» J'accepte le titre que vous croyez utile à la gloire de la nation.

» Je soumets à la sanction du peuple la loi sur l'hérédité. J'espère que la France ne se repentira jamais des honneurs dont elle environnera ma famille.

» Dans tous les cas, mon esprit ne sera plus avec ma postérité, le jour où elle cesserait de mériter l'amour et la confiance de la grande nation. »

XVIIIe. LEÇON.

L'Honneur.

L'HONNEUR, comme un suc précieux exprimé des fleurs, se forme de ce qu'il rencontre

l'Honneur.

La Clémence.

de plus exquis dans chaque vertu. Il est à l'ame ce que la vie est au corps. Nourri par l'honneur, une ame veille sur ses moindres actions. Docile à tous les mouvemens qu'on lui communique, il fait naître dans nos cœurs mille prodiges; c'est le timon du gouvernement; et un prince habile a soin de le diriger sagement. Un grand avantage tient à cette vertu généreuse. Si par une malheureuse influence de causes malignes, des sujets chagrins ne se croyaient plus liés par la justice, l'amour, la reconnaissance, à la moindre apparence de revers, l'honneur se reveillerait encore, et se hâterait de ceindre l'épée pour venger le prince et l'état.

Il devait donc naturellement entrer dans les grandes pensées de Napoléon de créer un ordre sous le titre auguste de *Légion d'honneur*. Lors de la prestation du serment entre les mains de sa majesté par tous les membres de cet ordre, le 14 juillet, aux Invalides, après le discours éloquent du grand-chancelier, les grands-officiers de la légion, appelés successivement, s'approchèrent du trône, et prêtèrent individuellement le serment prescrit.

L'appel des grands-officiers fini, l'empereur se couvrit, et s'adressant aux commandans, officiers et légionnaires, il prononça, d'une voix forte et animée, ces mots énergiques :

« Commandans, officiers,

légionnaires, citoyens et soldats, vous jurez en votre honneur de vous dévouer au service de l'empire, et à la conservation de son territoire dans son intégrité; à la défense de l'empereur, des lois de la république, et des propriétés qu'elles ont consacrées; de combattre par tous les moyens que la justice, la raison et les lois autorisent, toute entreprise qui tiendrait à rétablir le règne féodal; enfin vous jurez de concourir de tout votre pouvoir au maintien de la liberté, de l'égalité, bases premières de nos constitutions. Vous le jurez ! »

Tous les membres de la légion, debout, la main levée, répétèrent à la fois, *Je le jure.*

Les cris de *Vive l'Empereur* s'élevèrent de toutes parts.

Ces derniers mots prononcés avec l'accent d'une énergie profonde, portèrent dans toutes les ames une vive émotion, dont elles furent long-temps pénétrées.

La messe finie, les décorations de la légion d'honneur furent déposées au pied du trône, dans des bassins d'or.

Monsieur de Ségur, grand-maître des cérémonies, prit les décorations de l'ordre, et les remit au grand-chancelier; celui-ci les présenta à un prince de la maison impériale qui les attacha à l'habit de sa majesté.

De nouveaux cris de *Vive l'Empereur* se firent entendre à plusieurs reprises.

XIXe. LEÇON.

La Bienfaisance.

On peut éblouir par de hauts faits, mais on ne subjugue que par des actions de bienfaisance. On admire les qualités de l'ame sur le trône, avant les brillans exploits. Un souverain qui aime le bien éprouve une satisfaction inexprimable lorsqu'il rencontre l'occasion de faire une bonne action.

Sa majesté l'empereur se rendait à cheval de Wirtemberg à Potzdam, ville située à quelques lieues de Berlin, lorsqu'il fut surpris par un violent orage; ne pouvant continuer sa route, il met pied à terre dans une maison appartenant au grand-veneur de Saxe. A peine est-il entré, qu'il est étonné d'entendre une jeune femme l'appeler par son nom : C'était la veuve d'un officier français de l'armée d'Orient, qui avait encore présens à sa mémoire les traits du jeune conquérant de l'Egypte. Depuis trois mois le grand-veneur de Saxe l'avait accueillie et lui avait procuré une existence honorable dans sa maison. Charmé de cette rencontre imprévue, l'empereur adresse à cette veuve des paroles pleines de bonté, lui fait une pension de douze cents francs, et lui promet de prendre soin de son fils. « *C'est la première fois*, dit l'Empereur, *que je mets pied à terre pour un orage. J'avais le pressentiment qu'une bonne action m'attendait.* »

XXe. LEÇON.

La Clémence.

Un prince est le bien en action. Sa puissance doit découler de ses bienfaits : le soleil n'a l'empire du monde que parce qu'il y fait naître des fruits. L'amour des souverains pour leurs peuples doit éclater surtout dans leur clémence qui est leur qualité distinctive. Ils tirent tant d'avantage de cette vertu, que c'est un bonheur pour eux d'avoir occasion de l'exercer. On avait donné à un des plus grands rois de cette monarchie, à ce fameux empereur, qui releva son règne par tant de prodiges, à Charlemagne, le titre de *Clément.* Dénomination sublime! qui en faisant oublier le conquérant, ne rappelait que le père du peuple.

Sa majesté l'empereur avait confié au prince Hatzfeld le gouvernement civil de Berlin. Il fut prouvé par des lettres interceptées aux avant-postes, qu'il instruisait le prince Hohenlohe des mouvemens de l'armée. Il fut donc arrêté. Sa femme vint se jeter aux pieds de sa majesté, en protestant de l'innocence de son mari dont elle était persuadée, n'ayant eu aucune connaissance de sa trahison. Vous connaissez l'écriture de votre mari, lui dit l'empereur ; je vais vous faire juge : il fit apporter la lettre interceptée, et la lui remit. Cette femme, enceinte de plus de huit mois, s'évanouissait à chaque mot qui lui découvrait combien son mari se trouvait compromis. L'Empereur fut touché de son état. *Hé bien! lui dit-il, vous tenez la lettre, jetez-là au feu, cette pièce anéantie, je ne pourrai plus faire condamner votre mari.*

XXIe. LEÇON.

Distribution des Grâces...

LES grâces des Princes ne coulent presque jamais qu'autour d'eux ; elles sont difficilement accordées à d'autres mains qu'à celles qui sont toujours tendues pour les recevoir. Mais l'équité fait cesser ce désordre; elle leur apprend que les grâces sont destinées, non à l'amitié mais à l'estime, non à la délation mais au zèle, non à l'oisiveté orgueilleuse mais au travail utile, non à la médiocrité arrogante mais au mérite caché, oublié, délaissé.

Napoléon, pendant ses voyages dans les départemens, visita les atteliers, les manufactures, les hôpitaux, laissant par-tout des marques de sa munificence. Sa sollicitude s'étendit jusque dans l'avenir pour y opérer le bien, et y créer l'abondance.

« J'ai parcouru votre ville,

dit-il aux autorités constituées d'Anvers, et je n'ai trouvé que des décombres et des ruines : elle ressemble à peine à une ville européenne, et j'ai cru ce matin me trouver dans une ville d'Afrique. Tout y est à faire ; port, quai, bassin d'échouage. Il faut enfin qu'elle mette à profit les avantages immenses de sa centralité entre le nord et le midi, de son fleuve magnifique et profond ; qu'elle devienne la cinquième ou la sixième ville commerçante du monde. On porte à vingt millions la confection de ces ouvrages ; la guerre ne nous permet pas de vous les accorder, mais dès à présent nous ferons ce que nous pourrons ; c'est à la ville et au commerce à nous seconder au moins par des avances. Il faut marcher avec le temps, il ne dépend pas toujours de nous d'accélérer sa marche. »

Ensuite il leur dit avec amitié, en s'entretenant du départ et du remplacement des conscrits : « Je puis bien recruter des étrangers avec l'argent que vous donnez pour les conscrits; mais votre argent ne me donnera pas une armée nationale, et tant que vos enfans n'entreront pas dans les armées françaises, vous aurez toujours vis-à-vis des autres départemens, l'air d'un pays étranger dans une ville conquise. »

La Bonté.

Education militaire.

XXII.e LEÇON.

La Bonté.

Les sujets cherchent surtout dans la personne auguste de leur souverain, ce cœur de père qui fait leur bonheur. Les hommes ordinaires peuvent désirer de séduire par un extérieur imposant, tous les titres d'un prince sont dans son ame. Sa véritable consécration c'est sa bonté.

Napoléon ne cherche point à étaler un vain éclat aux yeux du peuple; toujours vêtu très modestement, il ne s'annonce que par des bienfaits. Dans ses chasses il reçoit lui-même les placets que les pauvres lui présentent, et sur-le-champ des ordres sont donnés pour soulager l'indigence, et réparer les malheurs occasionnés par l'intempérie des saisons, ou par des circonstances dures, mais inévitables. Il entre dans une chaumière avec autant de plaisir que dans un palais, et il aime à s'y décharger du poids de la grandeur.

En partant pour la guerre d'Allemagne, il va revoir les lieux témoins des jeux et des progrès de son enfance. Il parcourt les bois et les plaines où il faisait ses promenades solitaires. Il entre dans la cabane d'une pauvre femme où il avait coutume de prendre du lait. Elle vivait encore, il la reconnaît malgré les rides qui sillonnaient son visage. Il lui demande si elle se souvient d'un nommé Bonaparte, qui venait autrefois la tourmenter pour avoir du lait. « Eh! comment ne m'en souviendrais-je pas, lui répondit la bonne femme, c'était un vrai lutin; au reste il était bon, il me faisait du bien, et je crois que tout mon bonheur s'est en allé avec lui. --- Mais savez-vous ce qu'il est devenu. --- Non, mais en quelque lieu qu'il soit, il ne peut être qu'heureux, parce que Dieu bénit toujours ceux qui aiment les pauvres. J'ai entendu dire qu'un Bonaparte était notre empereur, je donnerais bien tout ce que j'ai vaillant pour que ce fût le mien. --- Vous seriez bien avancée de ne plus rien avoir. --- Qui ne pense que pour soi n'est pas digne de vivre; au moins je serais assurée avant de mourir que la France sera un jour heureuse. --- Mais le reconnaîtriez-vous, si vous le voyiez. --- Oh! surement, car il ne m'est jamais sorti de la tête. Comme la bonne femme s'aperçut que les personnes qui accompagnaient l'empereur souriaient, elle le fixa plus attentivement et le reconnut. Aussitôt elle se jeta à ses pieds en lui offrant des œufs frais. L'empereur la releva avec bonté et lui dit : « C'est votre vieillesse, brave femme, qui mérite des respects. Je suis bien aise de vous revoir, j'aurai soin de vous » ; et en la quittant, il pourvut généreusement à ses besoins.

XXIIIe. LEÇON.

Éducation militaire.

La sagesse d'un souverain ne néglige aucun moyen pour augmenter les forces de l'État. Elle proscrit le mot de lâcheté, comme à Athènes on avait banni celui de parricide. Elle destine les emplois à la valeur, elle a soin que l'amour des armes soit le premier sentiment excité dans les cœurs des jeunes citoyens.

D'après ces principes conservateurs de la gloire d'un empire, Napoléon a fondé un certain nombre d'écoles pour former des guerriers, et a voulu que les lycées, les colléges et les institutions ne connussent d'autre règle qu'une discipline militaire.

Une heureuse éducation ouvre donc aujourd'hui aux enfans des sentiers tracés par l'honneur. Ils se dépouillent de bonne heure de cette humeur altière et difficile qui rend l'homme insupportable aux autres, ainsi qu'à lui-même ; ils répriment cette vivacité pétulante qui engendre ordinairement les antipathies et les rixes ; ils prennent une juste horreur pour ces mensonges qui outragent également la religion et la probité; ils plient sous le joug d'une obéissance raisonnable ; ils s'accoutument enfin à aimer l'ordre et le devoir, non par le motif d'une crainte servile, mais pour le plaisir que l'on goûte à bien faire.

Les instructions qu'on leur donne pour les mettre en état de défendre leurs possessions sont aussi utiles que glorieuses ; elles demeureront assoupies pendant quelques années dans leurs cœurs, mais elles se reproduiront avec le plus grand éclat, quand le moment sera venu pour eux de signaler leur courage, et de manifester leurs talens. Alors ils se rappelleront la théorie des armes pour la mettre en pratique ; ils se souviendront de cette tactique absolument nécessaire, et si bien développée dans les ouvrages qu'on leur met entre les mains; ils appelleront à leur secours ce qu'ils auront retenu, en lisant l'histoire de la nation, des exemples des plus fameux guerriers.

Les écoles militaires peuvent se comparer à des arsenaux; on y trouve, non les armures du corps propres à se défendre au milieu des siéges et des batailles, mais les armures du génie, c'est-à-dire ces connaissances qui dirigent sûrement l'œil et la main, qui mettent la mémoire dans le cas de faire usage de la science utile au militaire, selon les circonstances.

Il suffit pour les soldats de savoir supporter la fatigue, de se montrer avec intrépidité, d'obéir aux ordres de leurs officiers; mais pour des militaires obligés de donner l'exemple, destinés à commander, ils ne peuvent sans manquer à leur honneur, surtout lorsqu'une éducation impériale les met en état de servir, se dispenser d'apprendre à fond l'art de la guerre.

Pour soutenir l'ardeur, et exciter l'émulation, l'Empereur exerce sur les écoles militaires la vigilance la plus active. Il met à leur tête des géraux expérimentés; il en confie l'enseignement à d'habiles professeurs; il y fait des inspections fréquentes, pendant lesquelles il entre dans les moindres détails qui tiennent au bon ordre. Il va même jusqu'à visiter le pain des élèves en leur présence, et il semble leur dire par là : *Ce que je fais pour vous, vous le ferez pour les soldats, ils seront vos enfans comme vous êtes les miens.* Heureux les jeunes Français d'avoir un tel prince.

XXIVe. LEÇON.

Accomplissement des vœux des Jeunes Français.

Si les jeunes Français n'ont encore cherché dans le roi de Rome d'autre objet de respect et d'amour que le sang qui coule dans ses veines, il viendra un jour où ils lui demanderont des vertus, et il leur présentera celles de son auguste père. Ils le verront sensible à la vue des malheureux. Les inclinations qu'il fait paraître leur font déjà prévoir et bénir sa destinée. Ils doivent avoir cette ferme confiance, qu'il sera un prince en qui les plus nobles qualités réunies égaleront le pouvoir. Heureuse la postérité dont il fera un jour les délices! Ils ont vu, lorsqu'il vint recevoir les premières onctions du christianisme, dans la basilique de la capitale, comme le peuple se précipitait sur ses pas. Dans son berceau, il a déjà pris possession du cœur d'une nation à laquelle il doit commander.

Eh! comment ne serait-il pas cher aux Français! son auguste père en le comblant de caresses, lui dit: O mon fils! les vertus des enfans ajoutent au bonheur des pères. Je me tairai aux autres vertus qu'on exposera à vos yeux; mais quand on vous parlera d'aimer les Français, je ne pourrai garder le silence. Mon cœur sera toujours au milieu d'eux. Je l'ai dit à leurs magistrats, *ma vie durera aussi long-temps qu'il sera nécessaire pour le peuple français; mais ce que je désire que la nation sache bien, c'est que le jour où j'aurais perdu sa confiance, ma vie serait sans consolation et sans but. Ce jour là elle serait finie.* Oui, mon fils, ce peuple vous formera un rempart invincible ; il fera vos délices dans la paix, et pendant la guerre il fera votre force. Avec quelles acclamations il vous a accueilli à votre naissance. Le jour de votre consécration ne sera pas moins auguste que celui de votre baptême. Faites vivre à jamais chez cette nation la félicité et les saintes mœurs. Toutes les vertus des Français sont dans le cœur du souverain. Vous répondrez de leurs sentimens à mon amour. Je m'écrierai un jour : *Tel est mon fils, tel est l'empire Français.* Non, les années, les jours ne manqueront point à votre règne, vous aurez été souverain autant que vous aurez aimé vos peuples.

FIN.

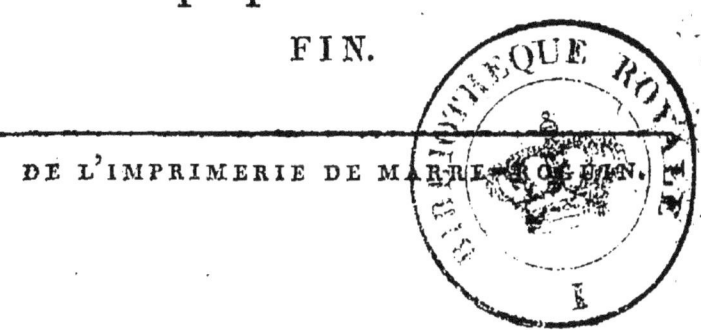

DE L'IMPRIMERIE DE MARE-COCHIN.

www.ingramcontent.com/pod-product-compliance
Lightning Source LLC
Chambersburg PA
CBHW060149100426
42744CB00007B/963